Lk ^{9} 220

LA POLITIQUE ANGLAISE

DÉVOILÉE,

Ou les moyens de rendre les COLONIES *à la France.*

(Si Pitt est Anglais , Jacques Mignard est Français)
Il a déjà dévoilé la perfidie des Prêtres , c'était beaucoup ;
Mais dévoiler celle des Anglais , c'est tout.

Présenté à la CONVENTION NATIONALE , le 24 Vendémiaire , l'an 3e. par Jacques MIGNARD, du département de l'Yonne.

A PARIS,

Chez les marchands de Nouveautés.

L'an 3e. de la République.

A LA
CONVENTION NATIONALE.

CITOYENS REPRÉSENTANS,

Toujours occupé du bonheur de ma patrie, je n'ai jamais cessé depuis et avant la révolution, de consacrer mes travaux et ma fortune à l'amélioration du sort de mes concitoyens. Le fanatisme régnait, et son influence tyrannique enlevait à la liberté des coeurs aveugles et ignorans ; j'ai concouru à terrasser ce monstre dangereux dans un état libre, et j'ai eu la satisfaction de voir dans sa chûte les heureux effets de mon Essai de morale que vous avez reçu avec applaudissemens.

Le nouvel ouvrage que je vous présente aujourd'hui, a pour objet principal, de mettre mes concitoyens en garde contre l'astucieuse politique des Anglais, dont les manoeuvres crimi-

nelles et perfides tendent à la destruction de la
République française , en excitant dans son
sein des divisions et des guerres intestines,
causes ordinaires de la décadence d'un empire.
Mon ouvrage a également pour objet de faire
connaître le danger qu'il y a de laisser plus
long-tems au pouvoir de cet ennemi nos Colonies,
qui sont aujourd'hui sa seule ressource pour
soutenir la guerre actuelle, et dont la conquête
ferait sa ruine en anéantissant son commerce.

J'avais présenté, en 1792, les moyens que je
croyais capables de prévenir la prise de nos isles.
Je demandais alors, pour voler au secours des
Français opprimés, trahis et vendus dans nos
colonies, 75 mille hommes, dont 25 pour les
isles-du-vent et 50 pour Saint-Domingue. Le
succès était inévitable; car, à cette époque, on
comptait encore beaucoup de patriotes, tant
dans la ville de Saint-Pierre et l'isle de la Martinique, qu'à la pointe à Pitre, à la Basse-Terre,
à l'isle de la Guadeloupe, au Cap-français,
au ci-devant Port-au-Prince, aux Cayes, à
Jacquemel, à l'isle Saint-Domingue et dans les
autres villes. Le patriotisme dominait particuliè-

rement au Cap, que l'on regardait avec raison comme le rendez-vous des patriotes des colonies, et la place la plus favorable pour la résistance à l'oppression.

Si à cette époque, on eût écouté ma demande, nos colonies seraient encore habitées par les amis de la liberté, et peut-être même que celles de l'Angleterre ne gémiraient plus sous le joug du despotisme. Malheureusement l'intrigue et la malveillance ont étouffé ma voix; vainement j'ai voulu faire entendre celle de la vérité et de nos frères qui imploraient nos bras et notre assistance ; l'imposture et l'aristocratie ont triomphé, et nos coloniés ont été livrées à notre ennemi.

Aujourd'hui que toute espèce de tyrannie est anéantie; aujourd'hui que le bien public est à l'ordre du jour, je viens vous offrir les moyens de réparer la perte que nous devons à la trahison. L'ennemi, chassé de toutes les parties du territoire français, souille encore dans les isles le sol de la liberté; il s'agit d'aller venger dans ces contrées la mort de nos frères qui crient vengeance ; il s'agit de reprendre nos riches possessions, qui font la seule force de nos ennemis ; il s'agit enfin de chasser les Anglais de leurs propres colonies ; ce projet est grand, son exécution est facile.

Je crois avoir trouvé le moyen infaillible d'en assurer le succès ; je laisse à la sagesse et aux lumières de la Convention de juger de la bonté de mon plan. Dans tous les cas, j'espère que la Convention rendra justice au zèle, au dévouement et à la pureté des intentions d'un citoyen qui n'a en vue que le bonheur de sa patrie et l'anéantissement de ses ennemis.

Signé Jacques MIGNARD.

LA
POLITIQUE ANGLAISE
DÉVOILÉE.

Dévoiler l'astucieuse et coupable politique que l'Angleterre met en jeu contre la France, c'est déjouer les affreux projets de cette puissance orgueilleuse, pour qui tous les moyens sont indifférens pour l'exécution de ses vues hostiles et criminelles.

Déjà la République française voit flotter ses étendards victorieux sur toutes les parties de ses frontières ; déjà du Nord au Midi, les tyrans, vainement coalisés contr'elle, sont chassés du territoire de la liberté, et fuient abattus de leurs défaites et accablés sous le poids de leur honte. L'Angleterre seule ose encore promener son despotisme sur les mers, seule ressource à son existence, seul et dernier retranchement de son commerce paralysé ; c'est ce retranchement qu'il faut forcer et emporter ; c'est cette dernière ressource qu'il s'agit d'enlever aux téméraires

A

enfans d'Albion, et c'est en formant une marine formidable, dont la situation et les productions de la France offrent tous les moyens, qu'on y parviendra; c'est en inquiétant continuellement l'Anglais au sein de ses foyers; c'est en le tenant en suspens par les menaces et les préparatifs d'une descente, qu'on parviendra à lui porter le coup mortel, coup terrible, nécessaire et décisif, s'il est porté à l'endroit et de la manière que la politique indique.

Ce n'est pas à Londres où sont les richesses de l'Angleterre; ce n'est pas à Amsterdam où sont celles de la Hollande, ni à Cadix où sont celles de l'Espagne; c'est sur les côtes de Coromandel et de Malabar, c'est aux isles Antilles où se trouvent les trésors de l'Angleterre; c'est au cap de Bonne-Espérance, à l'isle de Ceilan, à Batavia et à la Guiane, où sont renfermées toutes les richesses de la Hollande; et c'est à la Havanne et au Mexique où se trouvent celles de l'Espagne. C'est dans ces riches contrées qu'il faut attaquer les ennemis de la République française. Le territoire de la Savoie et la marécageuse Hollande qui coûte plus pour son entretien et pour se garantir des inondations qui la menacent sans cesse, qu'elle ne rapporte, me font dire avec raison que ces deux pays ne valent pas une belle habitation de St.-Domingue ou de la Jamaïque.

C'est sur l'Océan et la Méditerranée, comme sur terre, que les français sont appelés à la victoire et à la fortune. Les mers sont bordées partout du Pérou, non de mines d'or et d'argent, mais de riches productions mille fois plus précieuses et plus utiles.

Les Anglais, dans l'avant dernière guerre avec la France et l'Espagne, ont bien connu cette vérité; aussi ne portèrent-ils pas seulement leurs forces à la Martinique, à la Guadeloupe et à la Havanne, mais encore à Pondichéry dans l'Inde; et ce n'est qu'avec l'argent de l'Espagne qu'on a obtenu la paix à de tristes conditions, et qu'on est parvenu à conserver l'Amérique, parce que les Anglais étant maîtres de la Havanne, avaient la clef du Méxique, et par conséquent de toute l'Amérique. Ils le savaient bien, et jamais ils n'auraient consenti à la paix, s'ils n'avaient pas été persuadés qu'ils pouvaient s'emparer de ces riches possessions à leur volonté.

Si dans la dernière guerre, les gouvernemens Français et Espagnols eussent été plus politiques; si, au lieu d'aller porter des forces considérables contre le rocher de Gibraltar, ils les eussent portées au contraire sur les côtes du Malabar, ou du Coromandel, ou à la Jamaïque, le commerce de l'Angleterre était perdu, et entièrement anéanti.

Et même, malgré l'ignorance ou la trahison des deux gouvernemens que je viens de citer, si les agens de Pitt et de l'Empereur n'avaient pas tenu et conduit à leur gré les rênes du gouvernement français, si des milliers de guinées n'avaient pas fermé les sabords de l'escadre que le traître de Grasse commandait en 1782, la Jamaïque n'en aurait pas été moins prise, le commerce anglais détruit dans l'Amérique et balancé dans les Indes orientales ; ces guinées jointes à l'argent de la France, n'ont au contraire servi qu'à rendre le tyran d'Autriche vinqueur des turcs, et à obtenir une paix que l'anglais abattu désirait avec la plus vive impatience.

Ce n'est point seulement à cette époque que le traître de Grasse a servi l'Angleterre et ses agens en France ; il sacrifia plusieurs fois les intérêts de sa patrie à celui de nos ennemis. On sait qu'à l'attaque de Sainte-Lucie, que Bouillé avait livrée aux anglais, de Grasse, plutôt que de répondre aux signaux d'attaque que faisait faire d'Estaing, garda le large avec sa division, prétextant qu'il était emporté par les courants ; d'un autre côté, Bouillé, complice de cet infâme complot qui tendait à la destruction des français dans les colonies, ordonna aux meilleures troupes que nous avions dans les colonies, à cette époque, d'attaquer la Vigie qui se trouve à l'entrée du carénage de Sainte - Lucie , que le MORNE FORTUNÉ domine. Les troupes obéirent et attaquèrent la Vigie ; mais les anglais qui y étaient retranchés , les repoussèrent bientôt avec une perte considérable , et aucun des français n'eût échappé dans cette attaque imprudente, si on eût écouté Bouillé , qui, sans doute , avait projeté d'y faire périr toutes les troupes françaises qui se trouvaient dans les Colonies. On ne peut douter de la réalité de ce projet, lorsque l'on considère que, quand même les Français se seraient emparés de la Vigie, après avoir emporté les retranchemens anglais, ils auraient été infailliblement détruits par le Morne fortuné qui commande cette place.

Ce qui prouve particulièrement la trahison de Bouillé, c'est que , malgré que la France fût en guerre ouverte avec l'Angleterre , il défendit, sous peine de mort, aux marins de toutes les isles Françaises , connus sous le nom de *Flibustiers* , de courir sur les propriétés des Anglais dans ces parages.

Ces braves marins , qui étaient la terreur de l'Angleterre, furent obligés de quitter les isles, ou de demeurer dans une inaction outrageante pour leur courage.

Portons notre attention sur l'isle de Saint-Eustache qui, dans la guerre dernière, a servi la politique anglaise. C'est encore dans cette is que se réfugie une foule de négocians Anglais, Hollandais et Juifs, pour s'emparer des riches productions de la Guadeloupe et de la Martinique, qu'ils achètent à vil prix de la plus grande partie des planteurs des isles Françaises, qui soustrayent ainsi leur récolte, plutôt que de la donner en payement aux Français, dont ils ont reçu les avances nécessaires pour la culture de leurs terres. Il leur importe peu de donner leur sucre, leur café et leur coton à cent pour cent au-dessous de ce qu'ils le vendraient dans les isles Françaises, parce que les négocians Anglais, Hollandais et Juifs leur donnent des Portugaises (monnoie d'or), avec lesquelles ils se divertissent. C'est ainsi que l'Anglais et le Hollandais détruisent le commerce Français; et ces deux peuples se jouent avec raison de notre bonhomie, lorsqu'ils nous revendent dans les ports de France les denrées de nos colonies; mais le génie de la France éclairé par la liberté, mettra sans doute bientôt un terme à ces infâmes manœuvres, et alors les Anglais seront réduits à cultiver leurs pommes de terre, et les Hollandais à reprendre leur premier état, qui était la pêche du hareng dans les marais de Hollande.

Revenons à Bouillé, dont nous avons parlé précédemment; c'est aussi à la prise de Saint-Christophe que sa trahison s'est montrée ouvertement. Un an auparavant, les Anglais avaient pris l'isle Saint-Eustache , sans y avoir perdu un seul homme ; car on doit se rappeler , et tout a prouvé que cette isle, vendue à l'Angleterre , qui avait besoin de ses immenses richesses pour soutenir la guerre avec la France et avec l'Amérique du nord, leur fut livrée sans qu'ils ayent tiré un seul coup de fusil.

Lorsque l'amiral Rodney eut bloqué la rade, il envoya un parlementaire qui promit qu'on ne toucherait aux propriétés de qui que ce fût. Cependant Rodney ne fut pas plutôt en possession des fortifications , qu'il fit publier une ordonnance à tout particulier d'apporter , sous peine de mort, les clefs de ses maisons et magasins , de ses coffre-forts et ses registres, et cela pour connaître combien chacun possédait en espèces et en marchandises. Pour s'assurer de l'exécution de cette ordonnance tyrannique, il faisait escorter les plus riches négocians par des soldats qui leur tenaient le poignard sous la gorge , pour les forcer à découvrir et à apporter leurs coffre-forts. Il fit mettre ensuite des sentinelles à la porte de chaque maison et de tous les magasins , et finit par faire vendre à l'enchère , en commençant d'un bout de la ville à l'autre, les maisons et ce qu'elles contenaient. Ces ventes se faisaient aux Anglais habitans des îles, particulièrement celle de St.

Christophe, et produisirent des milliards qui sont sortis de cette île : la plupart des marchandises sont passées à l'île de St. Christophe, et on n'a laissé dans St. Eustache en argent, à ce qu'il paraît, que la part qui revenait à Bouillé, qui, quelque tems après, est venu s'en emparer, sans tirer un coup de fusil.

A la prise de Saint-Christophe, dont les fortifications, après 30 jours de siége, ont été emportées d'assaut par l'intrépidité française, la plupart des richesses qu'on y avait transportées de Saint-Eustache, s'y trouvaient encore. Que firent alors Bouillé et de Grasse? plutôt que d'agir de représailles, de Grasse laissa passer l'escadre anglaise et les bâtimens qui voulaient la suivre, sans les inquiéter, et Bouillé qui commandait sur terre, défendit à ses troupes de toucher à ce qui appartenoit aux Anglais qu'elles venaient de vaincre.

L'Angleterre, qui de tout tems a excellé dans l'art criminel de la trahison, pour vaincre facilement les Français, a toujours cherché parmi eux des traîtres, et c'est principalement dans les Colonies qu'elle a mis en jeu tous ses ressorts pour parvenir à son but ; c'est-là que de Grasse et Bouillé ont servi ses intérêts contre leur propre patrie ; c'est-là aussi que Béague a suivi leur exemple fatal, et qu'il s'est laissé corrompre par l'astucieuse et perfide politique de cette

Puissance jalouse de notre prospérité, et qui dès la naissance de nos colonies, s'est montrée avide de nous les enlever, et d'y anéantir notre population.

Béague travailla plus que tout autre à la réussite de ce projet. Arrivé à la Martinique à la tête de 7 à 8 mille hommes de troupes aguerries, capables d'en imposer aux malveillans, il pouvait non-seulement ramener le calme et la prospérité dans cette île, mais encore il pouvait facilement s'emparer de toutes les îles Antilles; l'inaction dans laquelle il demeura, sa conduite contre-révolutionnaire, tout prouve qu'il était vendu à l'Angleterre, dont les agens conduisaient déjà, avant son arrivée, les fils de la trahison qui devait livrer cette riche contrée à nos plus féroces ennemis. Depuis six mois les malveillans, dont le parti grossissait chaque jour, menaçaient de détruire la ville de Saint-Pierre et ses habitans, qui heureusement ont trouvé leur salut dans un excellent plan de défense qu'un citoyen leur communiqua.

Quelle fut la conduite de Béague? un tissu de trahisons et de scélératesses. A son arrivée, les amis de la liberté, le croyant bon et franc patriote, s'empressèrent de lui abandonner les fortifications et les points de défense qu'ils occupaient.

A peine le traître Béague fut-il maître de ces

fortifications, qu'il fit publier une proclamation dont l'effet fut par la suite si funeste à la France, qu'elle occasionna la perte de ses îles, que Béague avait projeté de livrer aux Anglais, dès son départ de France. Pour parvenir sûrement à ce but criminel (comme il nous le paraît aujourd'hui,) il fit embarquer toutes les troupes qui s'étaient montrées pour la conservation de la ville de Saint-Pierre et du ci-devant Fort-royal, ce qui formait le régiment presqu'entier de la Guadeloupe, commandé par Dugommier, ainsi qu'une grande partie de ceux de la Martinique et de la Sarre. Il conserva seulement près de lui quelques troupes de son escadre, et la majeure partie des grenadiers de la Martinique, qu'il avait séduits ou qui paraissaient dévoués à ses perfides projets. Il fit rester les autres à bord dans la baye du ci-devant Fort-royal, où son escadre était mouillée.

Il paraît que pour s'en défaire sans éclat et sans murmure, on les nourrissait avec des viandes préparées en Angleterre, qui produisaient un effet si certain, que chaque jour on jetait à la mer dix à douze de ces malheureux. On fit subir le même sort à la plupart des troupes envoyées à Saint-Domingue, qui n'ont point servi les agens de l'Angleterre.

Pour s'en convaincre, il suffit de demander ce que sont devenus les 7 à 8 mille hommes qui étaient sur l'escadre que commandoit Béague, ainsi que ceux qui furent envoyés au contre-révolutionnaire Blanchelande, s'il en existe encore, ce n'est en grande partie que ceux qui les ont servis ; car tous ceux qui étaient reconnus pour partisans de la France, soldats, passagers et matelots, étaient ignominicusement embarqués, et il n'y en a que très-peu, peut-être, qui soient arrivés en France bien portans, excepté ceux qui ont eu le bonheur de trouver des sentimens d'humanité dans le commandant du navire sur lequel ils furent jetés. Beaucoup d'autres n'ont évité ce malheureux traitement, qu'en se retirant à Saint-Domingue où, à leur arrivée, ils ont appris avec surprise et indignation que les Anglais et leurs agens y exerçaient les mêmes manœuvres et y avaient la même influence. La destruction des Français, et principalement de la classe que l'on appelait patriote, était à l'ordre du jour. La terre couverte de cendres, de sang et de cadavres ; la femme égorgée entre les bras de son époux, qui lui voyait ouvrir les entrailles dont des monstres tiraient le fruit pour le déchirer, et qui bientôt après succombait à son tour sous les coups de ces féroces cannibales, tout retraçait la cruauté et le pouvoir tyranni-que des Anglais et des contre-révolutionnaires dans ces contrées de deuil et de désolation. Un général sanguinaire, dont chaque jour était marqué par quelque nouveau trait de scélératesse, sollicita astucieusement une

sortie de la ville du Cap, sous prétexte de repous-
ser ces brigands, auxquels il était vendu; les Français n'écoutant que leur valeur, se rendirent à
ses vœux, et firent la sortie. Ce scélérat, qui avait
juré leur destruction, leur fit faire huit lieues
dans la plaine du Cap, sans aucunes provisions:
ces malheureux, victimes de la plus odieuse
trahison, furent obligés de boire de l'eau de
marais, qui, selon toute apparence, était empoi-
sonnée, puisque tous ceux qui firent cette funeste
sortie sont morts après leur rentrée au Cap.

L'humanité frémit au récit de semblables
horreurs: tirons le rideau sur ce tableau révol-
tant, et contentons-nous d'éclairer nos concitoyens, et de les mettre à l'abri de pareils mal-
heurs à l'avenir.

Pour cela, jetons un coup-d'œil rapide sur la
conduite odieuse des Anglais depuis 1783; nous
y verrons que l'astucieuse et criminelle politique
de l'Angleterre a toujours eu pour but de détruire
le commerce et la population de la France; système barbare qu'elle suit encore aujourd'hui,
dans l'espérance de se venger de la perte de l'A-
mérique du Nord.

Pour parvenir à son but, cette puissance perfide n'a omis aucun moyen; le plus barbare a
toujours été celui qu'elle s'est empressée d'employer. Voici un des principaux traits de sa
tyrannie.

Semblables aux prêtres qui nous auraient fait donner jusqu'à notre dernier moyen d'existence, pour obtenir le bonheur de faire un pas vers un royaume céleste et imaginaire, les Anglais, profitant de notre crédulité, nous ont vendu, à un prix élevé, des terres dont ils faisaient la plus brillante description, mais qui n'existaient que dans leur imagination, ou plutôt *dans la lune*, ce qui leur donnait l'avantage de pouvoir les vendre tous les jours et à perpétuité à tous ceux qui se présentaient pour les acquérir, et aux conditions qu'ils désiraient.

Les prêtres au moins s'en tenaient en général à s'approprier l'argent de leur crédule troupeau ; mais les Anglais, plus criminels, en ont toujours voulu à la vie des citoyens, en même-tems qu'à leurs richesses.

Ils les mettaient à contribution au point qu'ils ne leur laissaient que de quoi faire leur passage, c'est-à-dire, pour aller au tombeau qui les attendait inévitablement dans l'Amérique du Nord. Lorsqu'on parvenait à enlever à ces malheureux tout ce qu'ils possédaient, ils étaient réduits à se vendre à ceux même qui les avaient dépouillés, et qui les revendaient pour peupler l'Amérique du Nord.

On a dû voir qu'en parlant de ces terres qui existent *dans la lune*, j'ai entendu cet affreux désert situé dans l'Amérique du Nord, entre le

35me. et le 43me. degré de latitude, communément connu sous le fameux nom de Sciotot ou de BELLE-RIVIÈRE. Quelque immense que soit ce désert, il a déjà été vendu une cinquantaine de fois à des acquéreurs différens et en même tems par les Anglais, qui n'en ont jamais livré un seul arpent à aucun de leurs dupes.

Quels sont les hommes qui gardent ce désert destiné particulièrement à la destruction des Français ? ce sont en grande partie des Sauvages, ou plutôt des troupes mercenaires à la solde de l'Angleterre, qui les envoient du Canada dans ce désert, pour y détruire tous les Français qui y arrivent, ce qu'ils exécutent impitoyablement; ils massacrent également tous les Américains amis de la liberté, et en général tous les ennemis déclarés de l'esclavage et du despotisme.

Pour se convaincre de cette vérité, il suffit de parcourir les registres des Français qui se sont embarqués pour cette malheureuse contrée, depuis 1783 jusqu'à ce jour, et de s'informer de ce qu'ils sont devenus. On verra qu'il n'en existe plus qu'un très petit nombre qui ont été vendus aux royalistes Anglais, qui les emploient à la culture de cette terre ingrate de l'Amérique.

Ce n'est pas seulement pour la destruction de la population Française que la politique de l'Angleterre emploie cet infâme moyen, elle le fait aussi servir à l'anéantissement du commerce de la France, et particulièrement de celui qu'elle se proposait de faire avec l'Amérique du Nord.

En effet, on a remarqué que depuis le traité de paix qui a reconnu l'indépendance de l'Amérique, toutes les fois que les Français ont essayé de faire le commerce en Amérique, ils ont toujours perdu sur leurs cargaisons, parce que les agens du ministère anglais, pour ôter toute concurrence et pour empêcher l'achat des marchandises françaises, ont donné les leurs au-dessous de leur valeur, ce qu'ils pouvaient faire d'autant plus facilement que le gouvernement, à la moindre représentation, les dédommageait de la perte qu'ils avaient faite sur leurs cargaisons.

On sent bien que les Français se sont bientôt dégoûtés de porter dans ces contrées des marchandises qu'ils ne pouvaient vendre qu'en perdant ; aussi deux ans après leur premier essai, ils n'y portèrent plus que du vin, de l'eau-de-vie et de l'huile, que les Anglais ne pouvaient fournir. Ajoutons à ce que je viens de dire, que les royalistes qui sont en grand nombre dans l'Amérique du Nord, pour discréditer plus sûrement les marchandises françaises qu'ils déprisaient sous tous les rapports, affectèrent aussi de couvrir de leur mépris ceux qui les achetaient.

L'Anglais, chassé en apparence de l'Amérique du Nord, en fait encore aujourd'hui le principal

commerce. Les agens de Pitt y accaparent toutes les productions de cette contrée ; le tabac
même de la Virginie nous est vendu en seconde
main par les Anglais qui, non-contens d'avoir
détruit le commerce français dans cette partie,
ont encore travaillé à anéantir celui des Américains, qui se sont montrés les amis de la liberté.
N'osant cependant se déclarer ouvertement contre eux, ils ont sollicité l'armement des Algé-
riens, qui leur ont paru propres à remplir leurs
vues, comme les Sauvages l'ont fait dans le
Sciotot.

Si on examinait de très-près la conduite de la
faction qui vient d'être anéantie , on verrait
qu'elle était stipendiée par Pitt , puisqu'elle em-
ployait les mêmes moyens , et agissait d'après
les mêmes principes pour détruire la population
française.

Je suis moralement sûr qu'on découvrira par
la suite, qu'encouragée par les guinées du ministère anglais, cette faction scélérate serait parvenue à engloutir la France entière dans les carrières
de Charenton. Ce système se suivait avec succès, lorsque le génie tutélaire des Français les
garantit du précipice ouvert sous leurs pas. Les
coupables ont été arrêtés , le glaive vengeur de
la loi a frappé la tête de ces infâmes conspira-
teurs, et la France a encore été une fois sauvée.
Puisse t-elle toujours échapper ainsi aux complots

tramés

tramés dans son sein par les étrangers pour la perdre.

Il n'est plus ce tems où les Français tremblaient au seul nom de Bastille ; il n'est plus ce tems de deuil où la terreur, inspirée par le despotisme barbare du moderne Néron, paralysait tous les cœurs ; la Bastille n'est plus, et la vengeance nationale est confiée à des cœurs purs qui, par leur justice et leur équité, nous consolent des cruautés des cannibales qui ont péri sous le poids de leurs forfaits ; heureusement, le pouvoir suprême n'est plus entre les mains sanguinaires des agens de Pitt et de Cobourg, qui, non-seulement ont cherché à détruire la population française par des massacres et des assassinats odieux, mais encore en amenant, par leurs manœuvres, la disette de toutes les denrées et marchandises, au milieu des plus abondantes récoltes.

On nous vend *la queue de Robespierre*, mais on ne nous la dévoile pas. Nous reconnaissons bien que sa tête armée du *maximum* et de la réquisition des denrées, a dévasté les départemens du Rhône et du Var, en faisant passer aux Anglais, par la voie de Gènes, les vins, les huiles et les eaux-de-vie qui leur manquaient, sous prétexte de les envoyer à nos armées.

On parle de la queue de Robespierre ; on dit que c'est elle qui s'agite dans Paris pour amener

B

des troubles ; vous dit-on aussi que c'est elle qui travaille l'esprit public dans les départemens, et qui y entretient sur-tout la disette factice ? Tout s'achète en gros au *maximum*, et se vend en détail à des prix exorbitans, à la réserve de quelques livres de porcs gâtés que l'on débite par quarterons une fois chaque décade, ce quarteron encore n'est souvent que du rebut.

Ignore-t-on que la plupart des bouchers parcourent les campagnes, y achètent les bestiaux au *maximum*; et les vendent en cachette aux environs de Paris, ce que leur avidité en désire ; de-là cette disette factice dont chaque ménage est victime ; de-là ces maladies fréquentes et très-répandues qui enlèvent un si grand nombre de citoyens à la République. On sait cependant que la France a récolté cette année de quoi se nourrir 3 ans, par l'augmentation d'un quart de ses cultures, augmentation qui vient des jardins, parcs et allées qui ont été ensemencés : eh bien, au sein de l'abondance, les agens de Pitt et de Cobourg, les malveillans et la queue de Robespierre nous font manquer de pain dans toutes les parties de la République : il est vrai que cette disette n'est pas si apparente dans Paris ; mais nous payons le pain peut-être à raison de 12 sous la livre, parce que dans un pain de 4 livres, il n'y a pas seulement une livre de bonne farine.

Cette disette s'étend sur tous les comestibles et sur les fourrages, qui sont cependant très-abondans. C'est ainsi que les ennemis de la France, les agens de Pitt et de Cobourg se réjouissent de voir les effets de leurs manœuvres ; ils ne voient pas avec moins de plaisir l'abus que la plupart des marchands font des réquisitions pour se soustraire à la loi du *maximum*. De sorte qu'ils répondent à tous ceux qui ne leur offrent point de leurs marchandises un prix exorbitant, qu'ils sont bien fâchés, qu'ils ne peuvent fournir ce qu'on leur demande , attendu que toutes leurs marchandises sont mises en réquisition.

Il se manifeste dans Paris et dans toute la République une maladie inconnue jusqu'à ce jour, qui se caractérise par l'enflure qui naît de la dissolution du sang appauvri par la mauvaise nourriture : on peut, je crois, attribuer cette maladie au pain, dont le Français fait sa principale nourriture.

C'est encore la queue de Robespierre qui, de concert avec nos ennemis extérieurs, nous attaque et cherche à nous abattre par ces moyens inhumains ; c'est elle aussi qui a fait dessécher nos étangs dont nous tirions une nourriture abondante et salutaire, sans le secours d'aucuns bras. Si ces féroces agens de Pitt et de Cobourg avaient pu dessécher aussi la Loire et la Seine qui nous amènent en grande partie les objets les plus né-

cessaires pour leur destruction, ils n'auraient pas
manqué de le faire. Toujours habiles à saisir tous
les moyens propres à faire naître la disette en
France, ils ont cru parvenir en partie à leur but
criminel, en faisant ordonner la destruction de la
volaille, sous le prétexte spécieux qu'elle con-
sommait trop de grain et privait ainsi le peuple
d'une partie de sa nourriture. Erreur grossière que
les agens de Pitt et de Cobourg ont pu seuls
avancer et faire valoir.

Que le peuple cesse donc de se laisser aveugler
d'une manière si dangereuse ! qu'il se rappelle et
qu'il n'oublie pas que l'Etre Suprême qui a donné
à l'homme les connaissances nécessaires pour
fertiliser la terre et en retirer une nourriture salu-
bre, lui a aussi donné le cheval, le bœuf et la
vache pour partager ensemble les productions
des champs qu'ils ont concouru à rendre fertiles.

Il faut que cette production de la terre soit
bien précieuse aux yeux de l'Etre Suprême,
puisqu'il a trouvé les moyens de n'en rien perdre; il permet à l'homme de manger la fleur de
ces productions ; il a créé d'autres animaux moins
délicats pour en manger le son ; si le bled a végété pour l'homme, l'avoine et le foin ont végété
pour le cheval ; le bœuf moins délicat se con-
tente de la paille, et la volaille, par une suite
de la sage économie de l'Etre Suprême, ramasse
et se nourrit du grain de bled, d'orge ou d'avoi-

ne qui échappe aux mains de l'homme ou à la bouche du cheval, et qui est bientôt métamorphosé en œuf, qui sert non-seulement à régénérer cette volaille, mais qui est encore de la plus grande utilité pour le peuple.

Avec quel œil d'admiration ne devons-nous pas considérer ce chat, qui fait continuellement sentinelle dans une grange pour dévorer le rat qui cherche à dérober nos grains !

Mais disons à ces malveillans qui nous en imposent, que nous connoissons la campagne, et que nous savons qu'il y a des laboureurs ou fermiers qui ont chez eux 2 ou 3 cents têtes de volailles, auxquelles ils ne donnent jamais rien à manger ; cela n'empêche pas qu'elles ne soient d'un grand profit dans une habitation. Tandis que la vache nous procure du beurre, les poules nous donnent des œufs et des poulets qui viennent sans qu'on s'en aperçoive, et qui exigent aussi peu de soins que de dépenses, parce que s'ils entrent dans les champs, ils becquètent l'herbe que le cheval, le mouton et le bœuf n'ont pu pincer ; et on nous dit que la volaille consomme la nourriture du peuple; on nous dit qu'elle est un objet de luxe, lorsqu'elle est si utile et si peu dispendieuse; on nous engage à la détruire ; ah ! n'en doutons pas, ces manœuvres n'avaient pour but que de nous prive de cet aliment, et si elles existent encore, elle

ne peuvent être entretenues que par les conti-
nuateurs de Robespierre, qui ne forment de
vœux que pour la spoliation de toutes les propriétés, la famine et la terreur, et qui, par ces
moyens barbares de destruction, servent les
Anglais qui les soudoient.

Mais l'Angleterre a beau s'agiter pour épuiser
la population française, ses trames ne peuvent
servir qu'à sa propre destruction. Comparons-
la avec la France, nous verrons que son
territoire ne produit que le quart du nôtre, et
qu'il en est de même de sa population. En effet,
si l'on est d'accord que la population française
se monte à vingt-cinq millions d'hommes, on ne
l'est pas moins sur celle de l'Angleterre, qui ne
se monte qu'à six. Il s'ensuit donc que si l'on
parvient à dévoiler la politique perfide de l'Angleterre, ainsi que des agens nombreux qu'elle
stipendie en France, elle sera bientôt réduite à
n'occuper que le mauvais coin de terre que la
nature lui a donné en Europe. Si la marine anglaise est parvenue à s'emparer de l'empire des
mers, c'est que le despotisme de l'ancien gouvernement français entravait la navigation ; car
physiquement la marine anglaise ne devrait être
que le quart de celle de la République, puisque
ses productions et sa population ne sont aussi que
le quart de celles de la France. Aujourd'hui que
le despotisme n'est plus, il faut espérer que la

marine acquerra sous les auspices de la liberté, le point de splendeur auquel elle peut prétendre.

L'Angleterre, humiliée sur terre par des défaites nombreuses, cherche encore à se dédommager sur mer de ses revers qui l'abattent et la ruinent. Aussi n'a-t-elle point encore perdu de vue son ancien projet de commander sur les mers et de s'emparer de l'Amérique, en commençant par se rendre maîtresse des colonies françaises. Elle espère que par la suite, il lui sera facile de conquérir celles des Espagnols. On ne peut contester la réalité de ce projet ambitieux, lorsque l'on considère les efforts extraordinaires qu'elle a faits dans le courant de nivôse dernier (décembre 1793 vieux style) pour envoyer à la Martinique quinze mille hommes et un nombre suffisant de vaisseaux, pour s'emparer de cette colonie et des autres îles françaises. De ces 15 mille hommes, 7 mille sortirent de l'Angleterre, 3 mille du Canada, et le reste des îles Antilles

Si malgré la crise où se trouvait alors l'Angleterre, elle a pu fournir pour cette expédition 7 mille hommes, combien la France victorieuse et quatre fois plus peuplée, pourrait-elle en fournir? Il me semble qu'il serait facile d'en faire embarquer 150,000, nombre suffisant pour reprendre et repeupler non-seulement nos colonies, mais même pour nous emparer de celles de l'Angleterre et de l'Espagne, qui semblent ne devoir être cultivées que par les français, les meilleurs cultivateurs de l'Europe.

Si la République française parvenait à s'emparer des îles Antilles, et à passer un traité de commerce avec les Etats de l'Amérique du Nord, que deviendrait le commerce des Anglais? A qui pourraient-ils vendre les productions de leurs nombreuses manufactures? Ils seraient obligés de les porter à la Chine ou au Kamtschatka; et alors les frais de transports les mettraient hors d'état de pouvoir tirer le moindre profit de leurs marchandises. Mais veut-on porter un coup plus terrible encore à l'Angleterre? Il faut la priver du sucre qui fait une partie de la nourriture de ses habitans. Lorsque l'Anglais sera chassé de ses îles à sucre, où prendra-t-il l'eau-de-vie qu'il consomme en si grande quantité, et qu'il fait avec le sirop de sucre, connu sous le nom de rhum? Il ne pourra pas davantage se servir de vin pour faire cette eau-de-vie, puisqu'il n'en récolte pas : il sera donc forcé de venir en France, acheter non-seulement les vins et les eaux-de-vie qu'elle produit, mais encore ceux qui proviendroient des colonies mêmes qu'elle aurait enlevées aux Anglais.

La France, par la prise des colonies, serait la seule qui produirait le meilleur vin de l'Europe et la meilleure eau-de-vie, et cet avantage considérable, joint à celui qu'elle retirerait de l'eau-de-vie de sucre provenant des colonies, la mettrait à l'abri de craindre la moindre concurrence. Bientôt nos colonies seraient cultivées par des Français qui, encouragés à la culture du sucre et des autres denrées coloniales par le bénéfice inappréciable qu'ils en retireraient, iraient à la Martinique et à Saint-Domingue avec plus de plaisir qu'à Sciotot, où l'Angleterre cherchait à les attirer pour les détruire.

Parcourons l'histoire de l'établissement des Français à Saint-Domingue. Nous les verrons réfugiés en très-petit nombre à la Tortue, délaissés du gouvernement et abandonnés à eux-mêmes, porter les coups les plus terribles aux établissemens des Espagnols au Mexique. Que ne craindrait donc pas aujourd'hui le cabinet de Madrid, s'il apprenait qu'on embarque dans les ports de la République 1,200 hommes qui font route pour le Chili ? Pour résister à ces fiers républicains dont la valeur effraie et abat la horde barbare des tyrans coalisés contre la liberté, il serait forcé de leur opposer au moins dix mille hommes. Il en serait de même de l'Angleterre, si elle apprenait le départ de quelques vaisseaux français pour le Canada, où elle espère détruire les Etats-Unis d'Amérique.

Si les Français portaient aussi une petite partie de leurs forces à la Guiane hollandaise, ils porteraient la terreur dans l'ame des Hollandais, qui, à l'approche du péril dont ils seraient menacés, solliciteraient inutilement leurs marchands d'hommes d'Amsterdam, de Rotterdam et de Middelbourg, pour en obtenir des matelots et des soldats.

Les Français ne voyagent plus dans ce pays, et s'il en existe encore quelques-uns, ce sont des émigrés, que la guerre actuelle a réduits à un très-petit nombre; mais comme il ne s'agit que de faire voir aux Français ce qui leur est utile, et la perfidie avec laquelle on les trompe, j'espère qu'on ne tardera pas à voir mon projet adopté. Dans ce cas, il faudra envoyer cent cinquante mille Français dans ces colonies pour les repeupler et les cultiver ; cela vaudrait mieux que de laisser partir des milliers de victimes pour Sciotot, désert affreux dont on ne saurait trop leur inspirer le dégoût et la crainte. Attachons-nous donc à faire envisager à nos concitoyens tous les dangers qu'ils courent en s'embarquant pour ce désert ; démontrons-leur qu'ils ne peuvent vivre tranquilles et heureux que dans leurs foyers, sous les auspices bienfaisans de leur patrie. Commençons par leur conseiller de ne pas écouter les Anglais, naturellement ennemis des Français et de l'humanité, *ces faiseurs de malheureux*, qui nous promettent des biens immenses dans l'Amérique du Nord, pour s'approprier le peu de bien effectif que nous possédons , et pour nous faire périr au sein de la plus affreuse misère. Français, gardez-vous des pièges que vous tendent vos ennemis ; apprenez que Sciotot et la belle rivière du Nord en Amérique , sont inaccessibles , s'ils ne sont point imaginaires ; les Anglais vous trompent , puisqu'ils vous vendent des terres qu'ils ne connaissent point eux-mêmes.

Quant à l'Angleterre qui , comme nous l'avons dit plus haut , a envoyé 15 millé hommes pour prendre la Martinique , il y a apparence qu'elle n'aurait pas pu réunir ce nombre considérable, si la France avait eu dans les Antilles des forces commandées par de braves républicains, qui non-seulement auraient facilement conservé ses possessions dans ces contrées , mais même auraient pu s'emparer de toutes celles de l'Angleterre, et d'une grande partie de celles de l'Espagne. Il est douloureux pour un homme véritablement ami de son pays , de voir que ces isles qui devaient faire une de ses principales forces, n'ont servi depuis la révolution, qu'à favoriser les ennemis de la liberté. Mais il faut espérer que le tems et la raison feront bientôt connaître au peuple la perfidie des scélérats qui ont juré sa perte , et qu'alors il s'empressera de suivre le plan que j'indique , de porter une partie de nos forces pour reprendre nos colonies , et même pour nous emparer de celles de nos ennemis.

Les dupes qui ont donné une partie de leur fortune en échange de quelques terres de Sciotot ,
ont autant de peine à trouver le chef des agio-
teurs de ce désert, que les terres qu'ils lui ont
achetées. Si quelques-uns ont eu la hardiesse de
faire des réclamations , ils n'ont cependant point
pu parvenir à se faire rendre leur argent de
ceux même auxquels ils l'avaient compté ; à
toutes leurs demandes , ces escrocs se conten-
taient de répondre qu'ils n'étaient que des com-
mis d'agence, et qu'il fallait s'adresser directe-
ment à l'agence. Où était elle ? c'est là le nœud
gordien : de Paris, on vous envoyait à Philadelphie, de Philadelphie à Paris, et par cette
ruse, on se débarrassait ainsi de toutes les plain-
tes et réclamations.

Philadelphie est située à 100 lieues de Sciotot
et en est la ville la plus voisine. Les Français
doivent bien se garder d'aller s'établir dans cette
ville , comme dans toute l'Amérique du Nord.

Philadelphie, qui en est la capitale, ne peut
offrir à un Français , même très-fortuné , qu'un
séjour ennuyant. Entre-t-il dans une auberge
ou dans une maison bourgeoise pour y dîner, le
pain qu'on sert pour douze personnes, il le man-
gera aisément à lui seul, et s'il satisfait à son
appétit, on le regardera comme un animal ; car
la plupart des habitans de ces contrées croyent
qu'il n'y a que les animaux qui mangent beau-

coup de pain, et cependant cet aliment est inconnu dans une grande partie de l'Afrique.

Les repas à Philadelphie consistent en viande mal cuite dans l'eau, sans la moindre épicerie, en herbes potagères sans sel, et en quelques légumes accommodés de même. Le rôti que l'on sert, n'a fait que paraître au feu, de sorte que pour faire comme les autres, il faut manger de la viande crue. On ne boit point dans le cours du repas ; à la fin, on sert du vin de Madère, de la bierre, de l'eau-de-vie ou du rhum. Si après le dîner, on tient compagnie aux femmes, il faut par complaisance se noyer l'estomac de 25 tasses de thé mélangé d'un peu de lait ; demeure-t-on avec les hommes, il faut s'enfermer dans une taverne pour s'y enivrer avec du vin de Madère, de la bierre ou de l'eau-de-vie. Un pareil régime ne peut, je crois, convenir à un Français. En passant dans les rues, il entend souvent dire autour de lui, *goddamn frenchman*.

Le dimanche arrive ; la consternation paraît répandue dans toute la ville : magasins, maisons, boutiques, ateliers, tout est fermé ; personne n'ose travailler : vers les dix heures, on voit les habitans courir en foule aux temples. La dévotion peinte sur leur figure leur donne un air si contrit, qu'il semble qu'ils soient mécontens de ce que l'Etre-Suprême leur a laissé passer si tranquillement la semaine qui, apparemment, devait être l'époque de quelque revers fatal. Entrés dans leurs temples, ils y chantent à *gorge déployée*, des airs lugubres qui font frémir. On en voit cependant quelques uns occupés à dormir, ce qui sûrement n'aurait pas lieu, si les ministres de leurs autels avaient la même politique que ceux des catholiques-romains qui, pour tenir éveillés les dormeurs, les enfans et les gourmands, leur font donner au milieu du service, un petit morceau de pain béni.

Des personnages connus par leur singularité, entrent le chapeau sur la tête, affublés d'habits sans boutons, dans des maisons qui n'ont ni cheminées ni clochers, et s'entre-regardent la bouche béante ; souvent un d'eux se déclare inspiré de dieu, parle avec fureur et contorsions ; les autres en partie l'admirent, quelques autres se moquent de lui et lui tournent le dos.

Dans des maisons semblables à celles dont nous venons de parler, et où une partie du peuple se rend, un homme revêtu d'une espèce de chemise, un livre à la main, monte à la tribune, et s'y épuise à démontrer aux auditeurs que Jésus-Christ est un *brave homme*, et qu'il est le second des dieux ; il descend ensuite, boit un coup en marmotant quelques paroles de latin, et renvoie les spectateurs, qui ne paraissent pas retourner chez eux plus satisfaits qu'auparavant.

A 4 heures après-midi, la plupart de ces maisons dont il vient d'être question, se remplissent de nouveau, et on y chante quelquefois jusqu'à dix heures du soir, des airs lugubres en l'honneur de l'Être Suprême.

Français, vous voyez que ces coutumes sont bien différentes de celles de votre pays, où l'on ne voit régner que la gaîté, qui se manifeste, surtout les jours de fêtes, par les chants, les jeux et les danses. Il est inutile de dire que la campagne des environs de Philadelphie est encore plus désagréable que la ville : c'est-là principalement que la taciturnité des Anglais se fait connaître. Les terres en général n'en sont point de bon rapport ; le bled, l'orge et l'avoine qu'elles produisent, n'ont point de saveur, et ne rendent que très-peu de farine. On rencontre partout une terre d'un blanc rougeâtre, qui ne paraît propre qu'à la fabrication de la brique. Ce qui rend encore ce pays désagréable, c'est la nécessité où se trouvent les habitans d'enfermer leurs terres d'une balustrade d'environ 5 pieds de hauteur : autrement on leur en dispute la propriété. Il s'ensuit que lorsque le bois sera rare, la clôture d'une terre coûtera plus que la terre ne vaut : aussi les Français que les désordres de Saint-Domingue et des îles françaises ont forcés

de chercher un asyle dans ce pays , ont bien lieu
de se repentir d'y avoir acheté des terres ; ils
n'ignorent pas que si par la suite ils veulent les
vendre , ils perdront plus de cent pour cent.
Toutes ces raisons sont bien suffisantes , je crois,
avec le tableau que je viens de faire de Philadelphie , pour détourner un français de songer à
aller à Sciotot ou dans l'Amérique du nord pour
s'y établir.

"Pour nous engager à aller demeurer dans l'A-
mérique du Nord, on pourrait m'objecter qu'elle
appartient à un peuple libre qui y commande.
Erreur grossière ! Ce sont , comme je l'ai déjà
dit , les agens de Pitt qui gouvernent encore *in-
cognito* dans l'Amérique du Nord ; ce sont eux
qui cherchent à y détruire sourdement les amis
de la liberté qui habitent ce pays. Il est même
étonnant que , jusqu'à ce jour, aucun Américain
n'ait soupçonné que la guerre des sauvages était
entretenue par les Anglais qui habitent le Canada et les États-Unis de l'Amérique; si les Américains eussent été assez politiques pour découvrir cette trame odieuse , ils n'auraient pas
manqué de déclarer de nouveau la guerre à
l'Angleterre , et plutôt que de faire marcher leurs
troupes dans les déserts de Sciotot ; ils les auraient
employées à garder leurs côtes pour en défendre
l'entrée aux navires anglais , et alors la France
n'aurait certainement pas manqué de leur porter

du

du secours. L'Amérique du Nord peut encore prendre ce parti ; mais le dernier moment arrive ; il faut qu'elle le saisisse, si elle veut sauver sa liberté menacée par les Anglais.

Si les Anglais étaient encore une fois chassés de l'Amérique du Nord ; si encore une fois leur commerce y était anéanti, la guerre des sauvages serait terminée sans coup férir, parce que la source en serait tarie ; on pourrait me dire encore, comment les Américains, amis des Français, ont-ils pu les laisser tromper par les Anglais sur Sciotot ? je répondrai qu'en général les Américains aiment leur pays et qu'ils en voudraient faire une petite France, aux dépens des Français : en second lieu, c'est que ceux qui tiennent les rênes du gouvernement américain ont en possession des milliers d'arpens de terre aux extrémités des Etats-Unis, lesquels n'auront de valeur que lorsque l'Amérique sera peuplée. Washington même en a une quantité considérable ; Lafayette n'en possédait pas moins, et ce traître se serait fort peu inquiété de voir périr la moitié de la nation française dans ce pays, pourvu que ses terres eussent acquis quelque valeur.

Je ne suis pas moins d'avis de détourner les Français d'aller s'établir en Espagne, où la paresse de la plus grande partie des habitans les empêche d'apprêter aucun aliment, et un Français qui veut en apprêter lui-même, paraît ridicule ; ajoutez qu'il est obligé de se charger d'un Saint-Suaire , de chapelets , et *d'un poignard pour assassiner par derrière* ; il faut qu'il joue le rôle d'un hypocrite , rôle sot et méprisable qui ne convient nullement au caractère français.

Il est difficile de se garantir de la vermine dans ce pays , et si l'on est fortuné , on ne peut éviter les voleurs qui se déguisent sous mille formes différentes.

Français , je vous le répéte , il n'est point pour vous de séjour plus convenable que les lieux qui vous ont vu naître , ou ceux où vous pouvez trouver en vigueur l'heureux gouvernement de la France , qui est sans contredit le plus beau séjour de l'univers , sur-tout depuis que la liberté y a établi son empire bienfaisant.

Irez-vous habiter la Savoie ou la Suisse ? vous n'y rencontrerez que des précipices et des montagnes qu'il vous faudra gravir. Vous serez ravi sans doute aux approches de Turin, en voyant la plaine qui environne cette charmante ville et qui vous paraîtra produire d'excellens bleds. Mais que votre admiration diminuera, lorsqu'en vous nourrissant de ce bled , vous verrez qu'il demeure sur l'estomac , comme un plomb indigeste ! Le vin que vous boirez sera toujours aigre , ce qui naît du charroi qu'il est obligé de supporter.

Irez-vous plutôt en Italie ? le régime de vie

de ce pays ne vous conviendra point davantage. Pourriez-vous en effet vous accoutumer à ne faire usage pour soupé que de toutes sortes de vermichel, et ne manger en grande partie que des raisins secs, des ragoûts accommodés au fromage, et très-souvent d'une aigreur insupportable ? Je ne vous parlerai point de plusieurs autres inconvéniens tous plus opposés les uns que les autres au goût français.

Irez vous habiter la Turquie ? une cérémonie ridicule à laquelle il faudra vous soumettre à votre arrivée pour y être bien vu, la circoncision, vous ôtera sans doute le désir de demeurer dans un pays où vous ne pourriez vivre qu'après vous avoir laissé ravir un *petit bout de ce que vous avez de plus cher* ; ajoutez à cela qu'il faudra vous entortiller la tête de chiffons, porter une jupe comme une femme, à la réserve qu'elle est cousue par le milieu pour indiquer les jambes ; il faudra que vous preniez du café et de l'opium avec excès. Non, ce séjour ne vous convient pas.

Sera-ce donc en Angleterre où vous porterez vos pas ? non sans doute ; ce pays où la perfidie est à l'ordre du jour, est trop étranger à la probité française, pour qu'un homme juste et Français puisse se résoudre à l'habiter.

On se rappellera long-tems de l'impolitique ou de la trahison qui nous fit conclure un traité de commerce avec l'Angleterre ; il est heureux que la guerre présente nous ait donné la facilité de le rompre : il servait bien au projet que Pitt avait formé de détruire la population française et son commerce pour aggrandir celui de l'Angleterre.

Non - seulement les marchandises anglaises étaient bien reçues en France, mais aussi les marchands qui les apportaient. L'Angleterre, bien loin de répondre à ces honnêtes procédés, se conduisait de la manière la plus révoltante envers le Français qui lui portait des marchandises, et elle le faisait incarcérer, saisissait ses marchandises, et méprisait toutes les réclamations qu'il avait droit de faire, conformément au traité de commerce de la France avec l'Angleterre, traité qui permettait aux Français de porter dans ce royaume des marchandises désignées. Étaient-ce des chapeaux que le Français portait en Angleterre ? si on y trouvait un bouton ou une ganse, comme le traité ne parlait point de ces petits objets, on saisissait cette occasion favorable pour la perfidie, on confisquait les chapeaux, et on jetait le marchand dans un cachot, où souvent il terminait ses jours.

Y portait-on des chemises dont l'entrée était autorisée ? si elles se trouvaient garnies, on en agissait de même. Portait-on des souliers en Angleterre ? l'entrée en était permise ; mais s'ils étaient bordés, c'était encore un nouveau sujet de confiscation et d'emprisonnement.

On pouvait aussi exporter du vin en Angleterre ; mais comme dans le traité, il n'était point fait mention de la bouteille et de la barique, on en tirait encore un sujet pour confisquer et emprisonner : on en agissait de même pour toutes les autres marchandises que les français portaient en Angleterre.

En un mot, *c'était la fable du loup avec l'agneau* buvant dans un courant au-dessous du premier, qui prétendoit qu'il lui troublait son eau.

Ce genre de tyrannie ne s'exerçait pas seulement sur les marchands, mais encore sur tous les particuliers qui voyageaient en Angleterre, à moins qu'ils ne fussent recommandés par des anglais royalistes, qui les faisaient toujours passer pour des *gentleman*, ce qui veut dire gentilhommes.

Dans la visite que l'on faisait de la malle ou du porte-manteau d'un voyageur, on ne manquait pas d'y trouver quelques objets de contrebande. Quelque vieille que fût une paire de bas, on la trouvait toute neuve, ainsi que tous les autres objets sur lesquels ce genre de coquinerie pouvait s'exercer.

Si on ne trouvait rien à confisquer à ce voyageur, il n'en était pas quitte pour cela, il finissait toujours par être dépouillé. Tôt ou tard il rencontrait des scélérats postés pour perdre e pour détruire les Français, qu'ils n'osent attaquer ouvertement; mais pour les perdre plus sûrement, ils les accusent auprès des tribunaux, de contrebande ou de tout autre délit contraire à la loi et aux usages. Pour affirmer et rendre incontestable leur dénonciation, ils baisent, en prêtant le serment, un vieux bouc (*une bible*). On les croit sur leur parole, et leur déposition suffit pour perdre un Français.

Quant au régime anglais, il est à peu-près le même que celui de l'Amérique du nord dont je viens de parler.

Je conseille également aux français de fuir la Hollande; il n'existe point de pays plus à craindre pour les français. La plus grande partie des auberges de ce pays, sur-tout celles d'Amsterdam, de Rotterdam et de Middelbourg, sont tenues par des *marchands d'hommes*. Si vous avez le malheur d'y entrer, on se saisit de vous; on vous ferme la bouche; on vous dépouille, et, la nuit suivante, on vous embarque pour Batavia, ou pour un autre endroit semblable, d'où vous ne repassez jamais en Europe. On vous fait travailler comme des forçats toute votre vie, et le prix de votre travail est remis à celui qui vous a pris et livré. Si comme artisan vous demandez de l'ouvrage ou un emploi quelconque, on paraît disposé à vous en donner; on vous en promet, et sous prétexte de remplir cette promesse, on, vous conduit dans quelqu'endroit reculé, où l'on se saisit de votre personne. Cela arrive encore toutes les fois que l'on doit quelque chose; ou que l'on a un démêlé; ce qui n'est ni rare ni difficile; car il y a des gens postés et payés pour en faire naître.

Pour être à l'abri de pareils désagrémens, i est nécessaire d'être recommandé dans une auberge par quelques personnes honnêtes; autrement ceux qui ont le malheur d'y entrer n'en sortent pas.

Parmi différens inconvéniens, pire que le précédent, que je pourrois rapporter, il en est un que je ne puis passer sous silence. Comme on voyage beaucoup par eau dans la Hollande, le voyageur a coutume de prendre pour sa traversée quelques bouteilles de vin, de bierre ou de cidre; s'il passe dans les rues avec deux bouteilles, on ne lui dit rien, mais s'il en a trois, on l'arrête, et on le condamne à une amende considérable. S'il n'a pas le moyen de payer, il est fouetté, marqué, et mis à bord des vaisseaux. Combien un français qui a quitté son pays pour la Hollande, ne doit-il pas avoir de regret!

Le régime hollandois est le même que celu des anglais, à la réserve qu'on boit à Amsterdam quantité de genièvre, et que l'on y fume à l'excès : aussi voit-on souvent, même dans des maisons particulières, des personnes sur le point d'étouffer par la fumée des pipes. Cette manie de fumer est tellement en usage dans ce pays, que la première politesse que l'on vous fait, est de vou présenter un grande pipe avec du tabac, qu'il est décent d'accepter, et on paraîtrait ridicule, si on ne s'en servait point de compagnie avec les autres.

La Russie et l'Allemagne ne peuvent convenir qu'à un Russe et à un Allemand.

En parlant de l'Angleterre, j'ai oublié de rapporter un trait de scélératesse que je ne puis citer sans indignation, et dont les français cultivateurs des Antilles étaient victimes.

Les anglais s'étaient presqu'entièrement emparés du commerce barbare connu sous le nom de *traite des Nègres*. Afin de fournir de ces malheureux à leurs colonies et à celles des Français, ils avaient deux dépôts, l'un à la Dominique et à la Grenade, pour les Isles-du-vent, l'autre à la Jamaïque, pour celles de dessous le vent.

Afin d'avoir un plus grand débit de ces nègres, dans leur traversée d'Afrique, ils leur faisaient prendre une certaine dose d'un poison lent qui les conduisait au tombeau quelque tems après que les français les avaient achetés. Si sur des millions de nègres que les anglais ont vendus aux français, quelques-uns ont vécu, c'est que, ayant été confondus dans la foule, ils n'ont point bu la dose qu'on leur avait préparée.

On est d'accord dans les îles sur ces faits

Dans le courant même de 1788, les anglais de la Dominique envoyèrent une cargaison de nègres à Saint-Pierre de la Martinique, pour y être vendus. Les particuliers qui en achetèrent, furent tous bien étonnés, 12 à 15 jours après, de voir mourir tous ces nègres. Cette mort si prochaine de la vente, leur donna recours par justice contre celui qui les leur avait vendus, et ils réclamèrent avec raison leur argent.

Il y a apparence que dans le navire qui avait apporté ces nègres, on leur avait donné une dose de poison très-forte, parce qu'ordinairement ils vivaient deux, trois, quatre et quelqu-fois six mois après avoir été vendus, et par cette combinaison barbare, les vendeurs se mettaient à l'abri de toute restitution.

Si on est généralement d'accord sur la vérité de ce trait de scélératesse, on ne l'est pas moins sur celui que les anglais ont exercé envers les prisonniers français dans toutes les guerres précédentes. Pour les faire périr plus tôt de langueur, ils leur faisaient manger du pain dans lequel il y avait de la chaux, et peut-être même leur donnaient ils le même poison qu'aux nègres.

Je ne sais à quoi attribuer le nombre considérable de nos soldats et de nos marins qui sont morts à bord de nos vaisseaux pendant la guerre dernière, si ce n'est aux viandes salées qui venaient de l'Angleterre, et qui, sans doute, avaient été préparées pour la destruction des français, que nos lâches et féroces ennemis ne pouvaient vaincre par les armes. Barbarie sans exemple, que des anglais seuls peuvent et ont pu commettre!

La France devenue libre aujourd'hui, et éclairée des lumières de la raison, n'aura plus recours à ces perfides ennemis pour l'approvisionnement de ses vaisseaux et de ses colonies en salaisons, en grande partie peut-être toutes empoisonnées.

La France produit généralement tout ce qui peut être nécessaire à une escadre la plus nombreuse; elle récolte du bled en abondance, et une année en donne communément pour deux. Voilà donc d'abord du pain à discrétion pour ses vaisseaux.

La moindre récolte de vins, qui sont toujours délicieux, en donne pour 4 à 5 ans, ainsi que de l'eau-de-vie.

Voilà déjà abondamment trois articles des plus nécessaires à une escadre. La France ne manque pas de beurre, de fromage et d'une grande quantité de légumes, tels que lentilles et pois de toute espèce. Quelle nourriture peut-on avoir de plus salutaire à bord des vaisseaux, puisqu'on assure qu'elle préserve du scorbut?

Voilà sans contredit un approvisionnement des plus complets et le plus nécessaire à une escadre, quelque considérable qu'elle soit; il nous mettrait à l'abri d'avoir besoin du secours de l'Angleterre, son commerce en serait affaibli, et nous déjouerions encore les barbares projets qu'elle a formés de détruire la population française.

Puisqu'il ne nous manque rien pour former une marine formidable, pourquoi donc hésiterions-nous à voler au secours de nos frères des isles Antilles, qui gémissent sous le joug de la tyrannie anglaise et des contre-révolutionnaires?

De quelle admiration ne devons-nous pas être frappés, lorsque nous voyons une poignée de braves républicains français, rassemblés à la Pointe-à-Pitre, dans la Guadeloupe, chasser de cette colonie les forces immenses des contre-révolutionnaires et des despotes !

Cela nous prouve bien que si l'Angleterre n'avait point acheté les services de Bouillé, de Béague et de Blanchelande, elle aurait eu beau envoyer contre nos colonies des forces considérables, jamais elle n'aurait pu s'en emparer. Mais on sait que la trahison lui assura le succès le plus complet; on sait que pour leur faciliter cette conquête, Bouillé, Béague et Blanchelande chassaient des colonies, ou faisaient périr, sur-tout depuis la révolution, tous ceux qu'ils reconnaissaient pour zélés et sincères patriotes; on sait aussi que Béague à la Martinique, et Blanchelande à Saint-Domingue ne recevaient dans ces colonies que des prêtres, des nobles, des aristocrates, ou ceux qui apportaient avec eux des biens effectifs ; si malgré leurs richesses, on soupçonnait ces derniers d'être patriotes, on les dépouillait d'abord , on les incarcerait ensuite, et on finissait par les renvoyer en France avec ceux qui n'avaient rien.

C'est ainsi que l'on est parvenu à chasser tous les patriotes de nos colonies , et c'est pour les repeupler, c'est pour y rétablir la liberté et y écraser le despotisme anglais, que j'engage la Convention à y envoyer 150 mille hommes. Ces forces sont nécessaires si on veut faire triompher dans ces contrées le parti des patriotes ; elles seraient suffisantes pour en chasser, ainsi que de toutes les isles-du-vent, les Anglais et les contre-révolutionnaires qui ne doivent cette conquête qu'à la trahison et à l'exil des patriotes.

A la nouvelle de l'arrivée de forces aussi formidables dans nos colonies, les Anglais seraient frappés de terreur, et bientôt on verrait disparaître jusqu'au moindre germe de la Vendée ; bientôt nos républicains auraient mis à la raison le tyran d'Autriche qui cesserait de recevoir des secours de l'Angleterre et de la Hollande. Le roi d'Espagne alors serait aussi forcé de retirer ses forces des Pyrénées pour les employer à la défense de ses colonies.

Si la France se décide à faire cultiver ses colonies par des hommes libres, elle n'y parviendra

qu'en envoyant des Français faire connaître aux
nègres ce qu'est le travail des hommes libres, auprès de celui des vils despotes dont ils ne connaissent que la tyrannie et ses tristes effets, fléau
destructeur qui, engendrant nécessairement l'oi-
siveté, s'oppose à la prospérité d'un état ; quelque
fertile qu'il soit en ressources et en moyens.

On se rappelle que nous avons dit plus haut
que dans la dernière guerre, les Anglais avaient
eu besoin des richesses de St. Eustache pour
pouvoir la continuer ; il paraît que dans la guerre
actuelle ils ont eu également besoin pour la soutenir des richesses de la Martinique, de la Guadeloupe et de St. Domingue, puisqu'ils se sont
emparés de toutes les propriétés, sans exception.
On a même remarqué qu'ils ont aussi confisqué
celles des contre - révolutionnaires qui avaient
émigré et qui sont rentrés avec eux. Ces messieurs
ont eu beau réclamer, faire valoir leur aristocratie et leur haîne pour le gouvernement républi-
cain, les Anglais, qui préféraient rencontrer dans
les colonies de l'argent plutôt que des partisans,
leur ont gracieusement répondu, que par leur
émigration ces biens étaient devenus propriétés
nationales, et qu'ainsi ils étaient en droit de s'en
emparer, sauf aux ci-devant propriétaires à les
racheter ; de sorte que ceux qui n'ont point eu
le moyen de remplir cette condition à laquelle
ils ne s'attendaient pas, ont vu mettre en séques-

tre leurs biens, dans lesquels ils ne sont rentrés qu'à condition de les faire valoir au profit des Anglais, qui ne leur laissent pour leur peine que le quart du revenu.

Tous les Français un peu ou très-fortunés n'avaient point émigré de toutes nos isles. Les partisans de la révolution y étaient en grand nombre à l'arrivée des Anglais, et y avaient des propriétés immenses. Les Anglais ne pouvant s'emparer de leurs biens sous le même prétexte que de celui des émigrés, ont pris le parti de les déporter en France, et sont restés maîtres par ce moyen de toutes les propriétés des colonies conquises.

Une partie de ces braves amis de la liberté est en France ; les autres, victimes de la tyrannie anglaise, ont péri ou gémissent encore dans les prisons de Guernesey ou de Jersey, où ils sont exposés aux traitemens les plus barbares.

De telles horreurs sont bien faites pour exciter l'indignation de tous les amis de l'humanité. Français, ce sont vos frères, vos amis, vos parens que l'on traite avec autant de cruauté ; ces malheureuses victimes de la barbarie de vos ennemis, réclament secours et vengeance ; volez à leur délivrance, volez reprendre leurs propriétés et les vôtres. Songez que vos lâches ennemis, chassés et battus sur toutes nos frontières, ne souillent plus la terre de la liberté que dans les isles Antilles ; c'est-là que vous devez les attaquer ; c'est de-là que vous devez les chasser ; la France vous en fournit les moyens: saississez-les , et bientôt toutes les colonies ne connaîtront plus d'autres habitans que des républicains.

Ceux qui ignorent combien sont grandes et puissantes les ressources de la France , se récrieront peut-être sur la demande que je fais de 150,000 hommes pour reprendre, peupler et cultiver nos colonies. Mais avec ceux qui connaissent la France et ses moyens, je répondrai : « D'où sont sortis ces 12 à 1300 mille hommes » qui combattent les tyrans coalisés sur nos fron- » tières? Ce ne sont certainement pas, ni les recru- » teurs du Pont-neuf, ni ceux du quai de la Fer- » raille qui nous les ont procurés. Depuis la nais- » sance de la liberté, les soldats ne se recrutent » plus; on les voit voler d'eux-mêmes au premier » danger sous l'étendard de la République ; au » premier cri de la patrie menacée, on voit éclo- » re des bataillons nombreux et formidables : un » seul mot suffit pour les faire voler au combat. » Eh bien ! disons-leur aujourd'hui qu'il existe » encore un obstacle à leur bonheur ; nous les » verrons se lever sur-le-champ, et marcher où la » gloire les appellera ». Il n'est nullement nécessaire d'employer la voie de réquisition ; il suffit d'annoncer que la patrie a encore besoin de deux ou trois hommes par chaque commune ; et ces 2 ou 3 hommes seront sur-le-champ équipés et envoyés au rendez-vous indiqué : bientôt le nombre de ces volontaires surpassera celui dont on a besoin.

La République a 44 mille communes ; ainsi, trois hommes par commune rempliraient cet objet, sans que leur absence puisse être sensible dans leur commune.

Les 150 mille hommes que je requiers pour l'exécution de mon projet dont le succès est infaillible, en se rendant à Brest ou dans les autres ports des départemens maritimes, pourront facilement purger la Vendée du reste des brigands qui exercent encore mille cruautés dans cette partie de la République.

Voilà donc déjà 150 mille hommes trouvés très-aisément ; il ne s'agit plus que d'indiquer les moyens d'en faciliter l'embarquement.

N'avons-nous pas dans le seul port de Brest 40 vaisseaux de ligne ? Je suppose qu'ils aient déjà tous leur équipage, qui ordinairement est de 500 hommes ; mais comme chaque vaisseau l'un dans l'autre, peut porter mille hommes, parce qu'il y en a toujours la moitié qui se repose, tandis que l'autre veille, ne voilà-t il pas 20 mille hommes placés sur ces vaisseaux ?

N'avons - nous pas en outre dans ce port 35 frégates ; supposons qu'elles ayent déjà chacune

150 hommes d'équipage, ne pourra-t-on pas aisément porter ce nombre à 500 ? ce qui nous placeroit encore 12,250 hommes.

Il y a encore dans le port de Brest un nombre assez considérable de flûtes et de bâtimens de transports, pour trouver à y placer ce qu'il faut pour faire cinquante mille hommes.

Il nous reste encore cent mille hommes à placer : rien n'est plus aisé que d'y parvenir. En effet, ne voyons nous pas des milliers de bâtimens marchands qui pourrissent dans nos ports ; et sur lesquels on peut mettre sans gêne 400 hommes sur chacun : 250 de ces navires seront plus que suffisans pour l'embarquement des 100 mille qui nous restaient.

Si vous augmentez le nombre de ces bâtimens, outre les 150 mille hommes, on pourra encore embarquer leurs femmes et leurs enfans, s'ils veulent suivre ces braves défenseurs de la patrie.

Ce dernier moyen ne pourra même être que très-avantageux à la République ; en effet, il y a peu de marins qui, lorsqu'ils s'embarquent, ne laissent en France leurs femmes ou leurs maîtresses. Le chagrin qu'ils éprouvent de ce cruel abandon, les conduit souvent de maladies en maladies au tombeau ; aulieu que s'ils avaient avec eux leurs femmes, ils ne cesseraient d'être utiles à la République, tant par leurs travaux que par leurs moyens d'augmenter la population française,

D

Je ne sais quelle raison impolitique peut engager le gouvernement à priver le marin de sa compagne, lorsque tout prouve qu'elle est nécessaire à sa conservation. Me dira-t-on que la femme ne peut être d'aucune utilité à bord d'un vaisseau ? erreur grossière ; la plupart des femmes, surtout celles des marins, sont d'une constitution aussi forte que celle des hommes, et peuvent aussi bien qu'eux résister à la mer. Regarde-t-on pour rien les soins qu'elles auraient de leurs maris, dont les jours sont si précieux à l'Etat ? Ces marins, encouragés par la présence de tout ce qu'ils ont de plus cher, en rempliraient leurs devoirs avec plus d'ardeur, et un seul alors serait capable de faire plus d'ouvrage que deux mécontens.

Ce qui nous doit faire regarder cette vérité comme incontestable, c'est qu'au défaut d'une compagne, chaque marin est obligé de s'associer avec un de ses camarades pour en recevoir des soins réciproques, ce qui s'appelle en terme de marine, *matelotage*. Mais ces services qu'ils se rendent réciproquement, peuvent-ils être comparés à ceux qu'ils recevraient de leurs femmes ? D'ailleurs, on doit faire attention que ces séparations nuisent à la population ; et n'est-ce pas une injustice, n'est-ce pas injurier la nature, que de priver l'homme de sa femme et celle-ci de son mari ?

Pour trouver de quoi embarquer les 150 mille hommes que je requiers , je n'ai pas été obligé de recourir aux nombreux vaisseaux de ligne qui se trouvent dans les différens ports de la République, et qui pourraient servir à un transport plus considérable.

Peut-être se récriera-t-on sur la difficulté que l'on éprouvera à nourrir tant de monde : je crois m'être suffisamment étendu sur cet objet, lorsque j'ai parlé de l'approvisionnement de la marine ; je me dispenserai en conséquence de répondre à toutes les objections sans fondement que l'on pourrait me faire.

D'ailleurs ne faudrait-il pas des vivres pour une année s'ils restaient en France ? eh bien , en les embarquant, il ne leur en faudra que pour 4 mois , parce qu'en arrivant dans les colonies de l'Amérique, ils pourront planter des racines, du riz et autres légumes qui viennent en très-grande abondance , et au bout de trois mois ; ils n'auront pas à craindre les rigueurs de l'hiver ou les chaleurs de l'été, la température étant toujours égale dans ces contrées ; ils trouveront de plus des ressources inépuisables dans la chasse et la pêche ; le sucre, le sirop et le rhum sont très-abondans dans les colonies, et nos braves frères d'armes recueilleront la quantité immense de bananes et de patates que les contre-révolutionnaires y ont plantées en abondance, dans l'espérance qu'ils avaient de vivre séparés de la République française.

Si on mettait en pratique dans les colonies l'économie rurale, on y verrait bientôt les chevaux, les mulets, les bœufs, les moutons et les porcs, en aussi grande quantité qu'en France, sur-tout à Saint-Domingue, où on en trouve des milliers épars dans l'isle, comme je me propose de le faire voir, lorsque je traiterai de la culture des colonies.

Pour retirer tout le fruit de l'expédition que je propose, il faut bien que la République française se garde de confier le commandement de ces forces à des hommes d'un patriotisme équivoque; qu'on se rappelle que nous devons la perte de nos colonies à des généraux traîtres et perfides, qui ont eu la bassesse de servir l'Angleterre au détriment de leur patrie. En effet, n'est-ce pas à la tête de 7 à 8 mille patriotes que Béhague a détruit la liberté à la Martinique, malgré que les patriotes y fussent en assez grand nombre : n'est-ce pas aussi Blanchelande qui, à la tête de quelques patriotes, a détruit la liberté à Saint-Domingue ? C'est ainsi que ces généraux contre-révolutionnaires se sont servi des Français mêmes pour détruire les Français ; c'est ainsi qu'agiraient les généraux qu'on y enverrait, s'ils étaient choisis parmi cette classe d'officiers suspects par leurs anciennes liaisons avec les ci-devant , dont les manœuvres aristocratiques ont causé la perte de nos colonies. Que l'on fasse choix pour cette expédition de généraux connus par leur républicanisme et par leur amour pour leur pays , je réponds du succès le plus éclatant , et du triomphe de la liberté et de nos armes dans ces contrées où le tyran d'Angleterre exerce insolemment son despotisme.

Si le mulâtre qui commandait les gens de couleur à la Martinique, n'eût pas servi en 1791 les contre-révolutionnaires de cette isle, et s'il n'eût pas trahi , les Anglais n'auraient jamais pu s'en emparer : aussi a t-on droit de blâmer ceux qui lu ont fait déférer le commandement, tandis qu'il existait quantité de patriotes Français plus habiles que lui.

Si malheureusement on envoyait dans les colonies un nouveau Béhague à la Martinique, un Blanchelande à Saint-Domingue, nos colonies seraient à jamais perdues pour nous, de même que la liberté seraient entièrement anéantie en France si on voyait siéger encore dans la Convention des capucins Chabot, ou de nouveaux Anacharsis-Cloots, barons allemands, et si nos forces de terre étaient confiées à des Dumourier ou à des Custine.

Méfions-nous également de tous ces faux patriotes , qui se couvrent adroitement du masque de la fraternité pour intriguer plus sûrement ; la marche de la liberté ne peut être entravée que par de pareils personnages, qui ne caressent leur mère que pour l'assassiner au moment même où elle se confiera le plus aux témoignages trompeurs de leur barbare affection.

Les forces que je conseille d'envoyer dans nos colonies étant confiées à des hommes purs, expérimentés et bien intentionnés, assureront à la France la possession de richesses immenses, puisque la République, devenue maîtresse des colonies, pourra vendre à des Français les biens nationaux et ceux des contre - révolutionnaires émigrés, qui se montent à des milliards. L'Anglais, comme nous l'avons dit, a déjà su profiter de cet avantage, et a vendu une partie de ce territoire qu'il a conquis, aux contre-révolutionnaires mêmes à qui ils appartenaient.

Emparons-nous de nos colonies et de celles des Anglais ; ces lâches propriétaires fuiront ; en succombant sous les coups de la valeur républicaine, ils nous laisseront la propriété de ces immenses terreins. Ces conquêtes que je regarde comme assurées, si l'on exécute le plan que j'indique, seront une nouvelle hypothèque à notre papier monnoie, et serviront par-conséquent à augmenter la confiance publique que des malveillans cherchent en vain à affaiblir, par les manœuvres les plus criminelles, et dont Pitt est le principal moteur.

Comme on ne pourra vendre qu'à rentes la plus grande partie des biens des isles qui sont inappréciables, et qui deviendront encore plus avantageux lorsqu'on en aura cultivé le fonds, il est nécessaire d'envoyer dans ces contrées le nombre de Français que je requiers, afin de trouver des acquéreurs, attendu que la plupart des Français qui les habitaient, sont émigrés, déportés ou détruits.

Que la Convention nationale ordonne la levée des forces que je réclame, les Français obéiront; chacun enviera la gloire d'aller au delà des mers abattre l'orgueil des fiers enfans d'Albion; bientôt nos colonies nous seront rendues; celles de nos ennemis seront à nous; et cette conquête, en enlevant aux Anglais leur dernière ressource, anéantira leur commerce : de là aussi naîtra l'extinction de tous les tyrans coalisés contre la France.

A PARIS,

De l'Imprimerie de MOREAUX, Jardin de l'Egalité.

www.ingramcontent.com/pod-product-compliance
Lightning Source LLC
Chambersburg PA
CBHW051145050726
47594CB00003B/1246